一度は聞いたことのある名曲が
スラスラ弾ける！

いちばんやさしい

「大人の
クラシック
ピアノ」

壺井一歩

PHP

もくじ

楽譜の見方

■ 鍵盤と五線譜

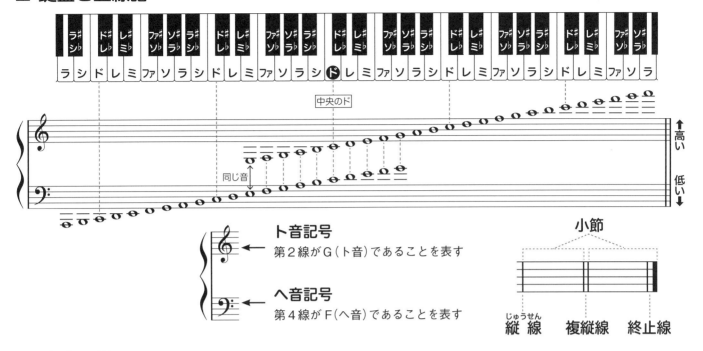

ト音記号
第2線がG（ト音）であることを表す

ヘ音記号
第4線がF（ヘ音）であることを表す

小節

縦線　複縦線　終止線

■ 臨時記号 （音の高さを変化させる記号）

♯ シャープ　　半音上げる

♭ フラット　　半音下げる

♮ ナチュラル　もとの高さで

音符の左側につく（同じ小節内の同じ高さの音に有効）
※臨時記号がついた場合、同じ小節内はそのまま♯や♭の音で演奏します。

※同じ小節以外の音に臨時記号の効力は及びませんが、紛らわしい箇所では間違いを防ぐために♮
などがつけられることが一般的です。この記号は警告の臨時記号（親切臨時記号）と呼ばれます。

■ 音符と休符の長さ

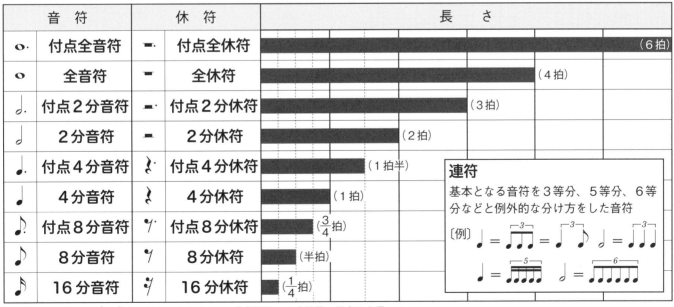

音　符		休　符		長　さ
𝅝.	付点全音符	■-	付点全休符	（6拍）
𝅝	全音符	■	全休符	（4拍）
𝅗𝅥.	付点2分音符	■-	付点2分休符	（3拍）
𝅗𝅥	2分音符	■	2分休符	（2拍）
♩.	付点4分音符	𝄽	付点4分休符	（1拍半）
♩	4分音符	𝄽	4分休符	（1拍）
♪.	付点8分音符	𝄾	付点8分休符	（$\frac{3}{4}$拍）
♪	8分音符	𝄾	8分休符	（半拍）
♬	16分音符	𝄿	16分休符	（$\frac{1}{4}$拍）

連符
基本となる音符を3等分、5等分、6等分などと例外的な分け方をした音符
〔例〕

※長さの割合は、♩や𝄽を1拍とした場合。　※全休符は、1小節休む場合にも用いる。

装飾音符
小さく書かれた音符は、非常に短く演奏する

アルペジオ
波形の記号がつけられた和音は、下から上に向かって、素早く順番に演奏する

■ 拍子記号 （「どの音符を1拍の単位にするか」「何拍子か〈1小節に何拍入るか〉」を表す記号）

4分の4拍子
1小節に♩（4分音符）が
4つ分入る拍子

1拍 2拍 3拍 4拍

𝄴 と表されることもある

4分の3拍子
1小節に♩（4分音符）が
3つ分入る拍子

1拍 2拍 3拍

4分の2拍子
1小節に♩（4分音符）が
2つ分入る拍子

1拍 2拍

8分の6拍子
1小節に♪（8分音符）が6つ分入る拍子

1拍 2拍 3拍 4拍 5拍 6拍

8分の9拍子
1小節に♪（8分音符）が9つ分入る拍子

1拍 2拍 3拍 4拍 5拍 6拍 7拍 8拍 9拍

8分の12拍子
1小節に♪（8分音符）が12個分入る拍子

1拍 2拍 3拍 4拍 5拍 6拍 7拍 8拍 9拍 10拍 11拍 12拍

2分の2拍子
1小節に♩（2分音符）が
2つ分入る拍子

1拍 2拍

𝄵 と表されることもある

2分の3拍子
1小節に♩（2分音符）が
3つ分入る拍子

1拍 2拍 3拍

■ 演奏の順番

① 演奏順：A－B－C－D－A－B－C－D

リピート：くり返す

② 演奏順：A－B－C－D－B－C－D

③ 演奏順：A－B－C－A－B－D

1カッコ　**2カッコ**

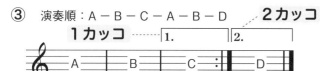

④ 演奏順：A－B－C－D－B－C

𝄋 **セーニョ**

フィーネ ……… *Fine*　　　*D.S.*
終わり

ダル・セーニョ
𝄋 に戻る

⑤ 演奏順：A－B－C－D－A－B－C－E－F

to ⊕

⊕ **Coda**

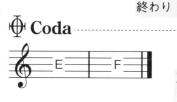

トゥ・コーダ：くり返しのとき
ここから **Coda**（コーダ）にとぶ　　*D.C.*

ダ・カーポ：曲の最初に戻る

コーダ
くり返しのとき
to ⊕ からここまでとぶ

■ 強弱記号

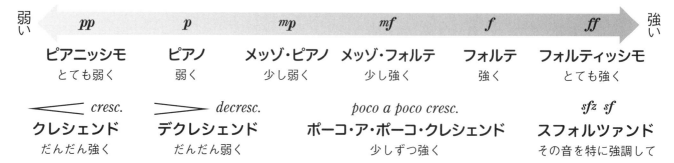

弱い ←	*pp*	*p*	*mp*	*mf*	*f*	*ff*	→ 強い
	ピアニッシモ	ピアノ	メッゾ・ピアノ	メッゾ・フォルテ	フォルテ	フォルティッシモ	
	とても弱く	弱く	少し弱く	少し強く	強く	とても強く	

◁───── *cresc.*　　▷───── *decresc.*　　　　　　*poco a poco cresc.*　　　　　*sfz sf*

クレシェンド　　**デクレシェンド**　　　**ポーコ・ア・ポーコ・クレシェンド**　　　**スフォルツァンド**
だんだん強く　　　だんだん弱く　　　　　　少しずつ強く　　　　　　　　その音を特に強調して

■ テンポ（速度）を表す記号・用語

記号・用語	読み方	意 味
♩=60	1分間に♩を60回打つ速さで	
rit.	リタルダンド	だんだん遅く
accel.	アッチェレランド	少しずつ速く
a tempo	ア・テンポ	もとの速さで

■ 演奏の仕方を表す記号

記号	読み方	意 味
♩	スタッカート	その音を短く切って
♩	テヌート	その音の長さを十分に保って
♩	アクセント	その音を目立たせて、強調して
♩	フェルマータ	その音符（休符）をほどよくのばす
♩♩	タイ	同じ高さの2つの音をつなげて演奏する
♩♩	スラー	異なる高さの2つ以上の音符をなめらかに演奏する

■ 指番号 （それぞれの音を、どの指で弾けばよいかを示す記号）

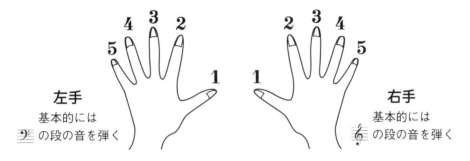

左手
基本的には
𝄢 の段の音を弾く

右手
基本的には
𝄞 の段の音を弾く

■ 指くぐり、指越え （前の音を弾いた指の下や上を、次の音を弾く別の指がくぐったり越えたりする弾き方）

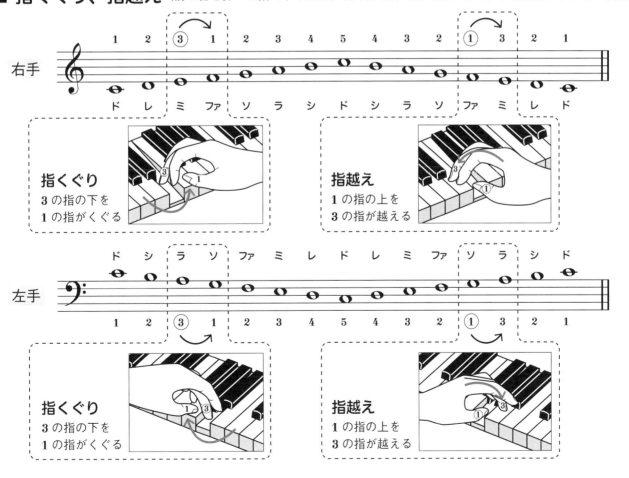

アラ・ホーンパイプ
「水上の音楽」第2組曲より

作曲：ヘンデル

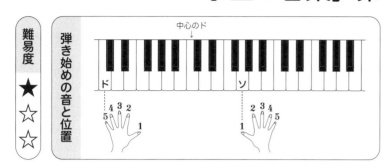

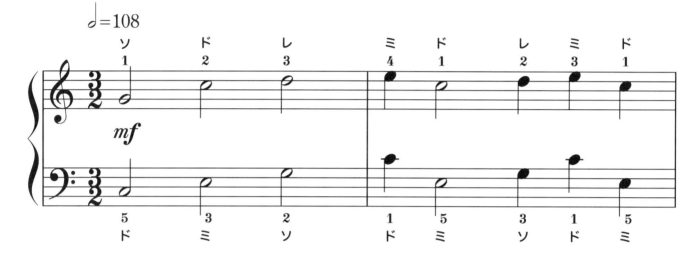

オンブラ・マイ・フ

歌劇「セルセ」より

作曲：ヘンデル

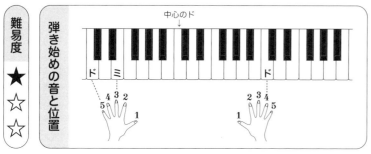

難易度 ★☆☆

弾き始めの音と位置

中心のド

♩=66

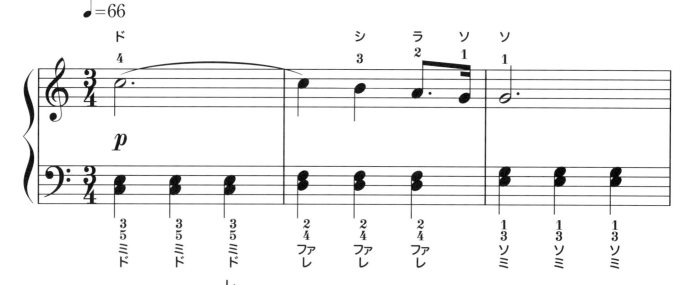

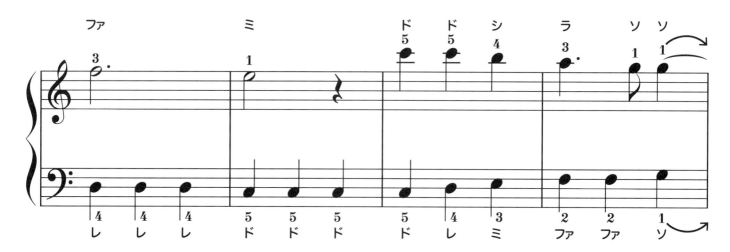

私を泣かせてください
歌劇「リナルド」より

作曲：ヘンデル

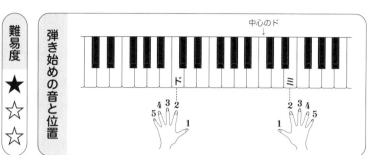

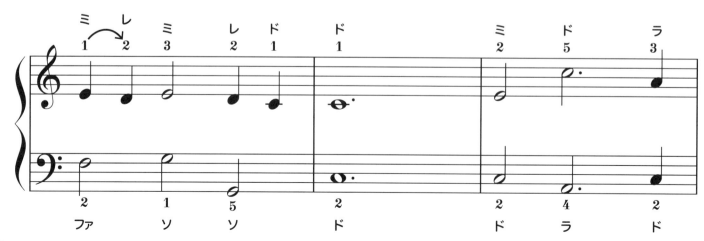

D.C.

アリオーソ
チェンバロ協奏曲第５番 第２楽章

作曲：J.S.バッハ

プレリュード
無伴奏チェロ組曲 第1番より

作曲：J.S.バッハ

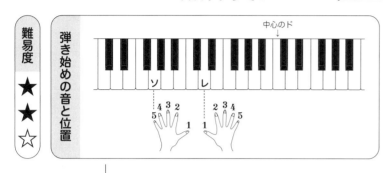

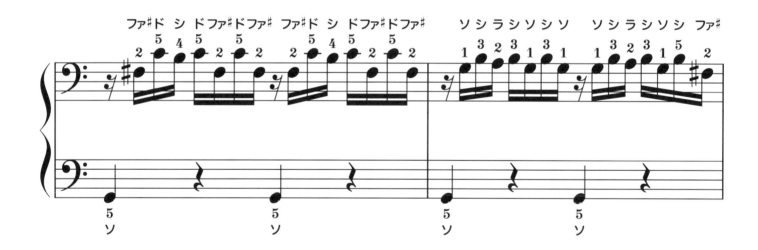

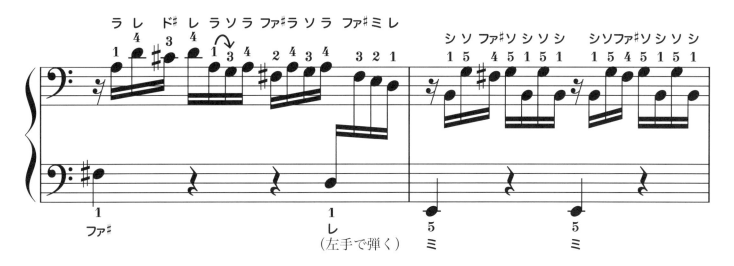

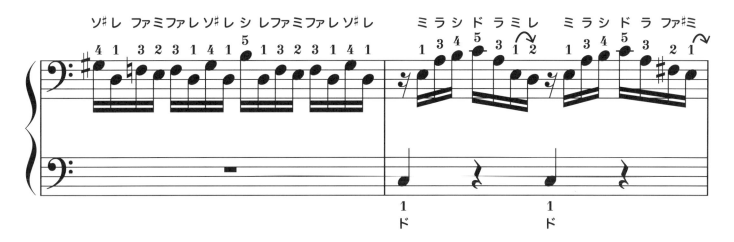

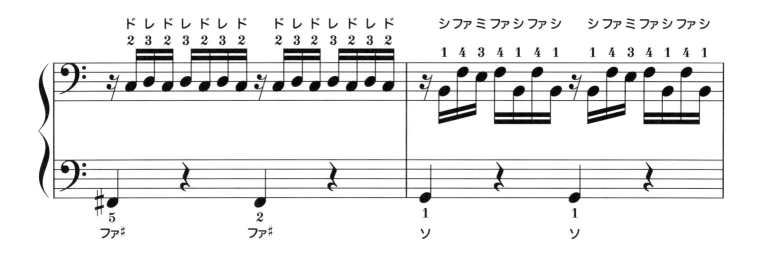

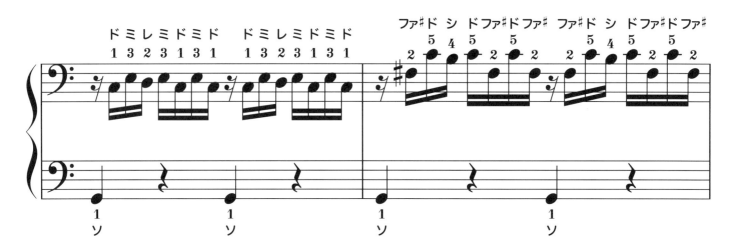

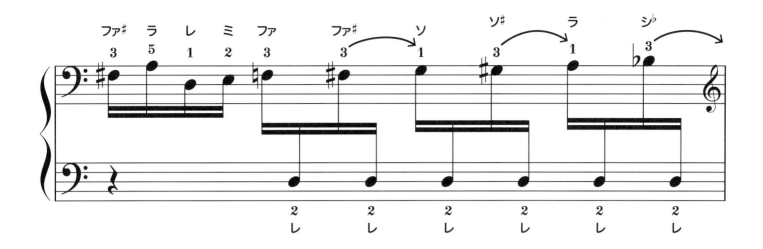

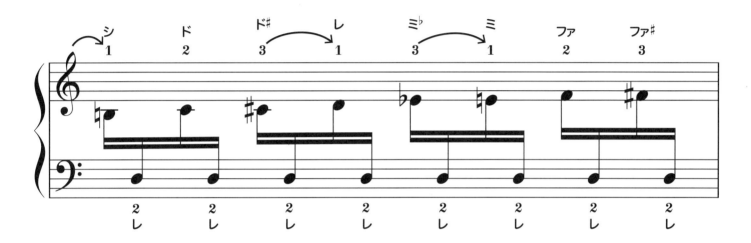

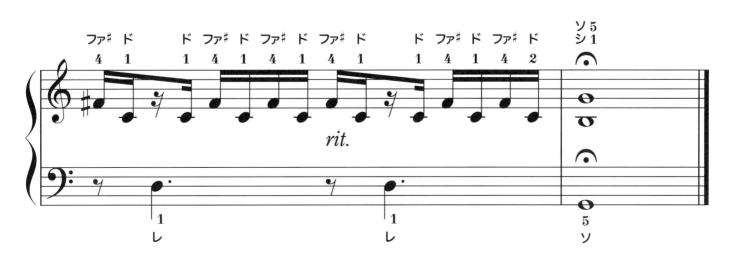

ラクリモサ
「レクイエム」より

作曲：モーツァルト

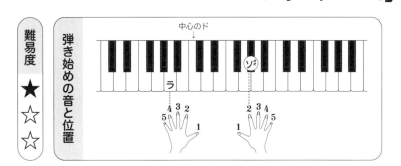

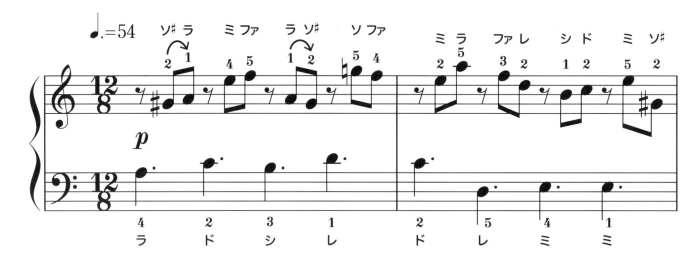

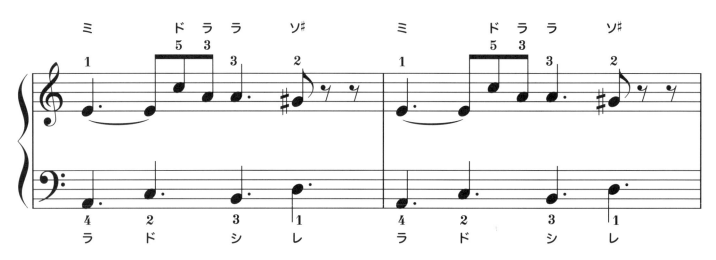

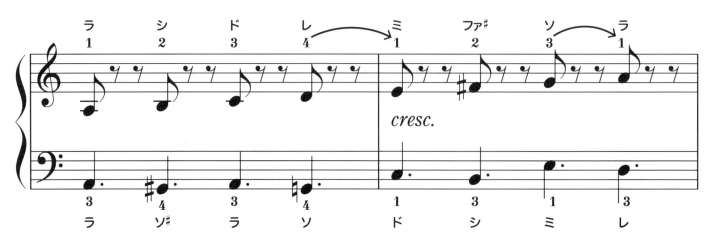

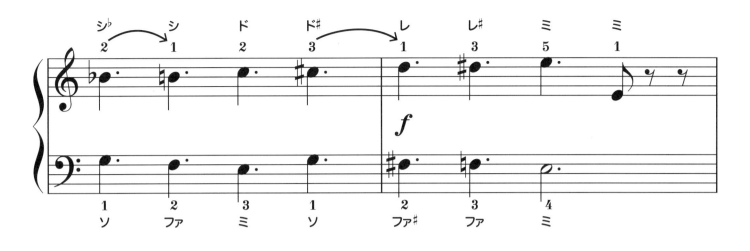
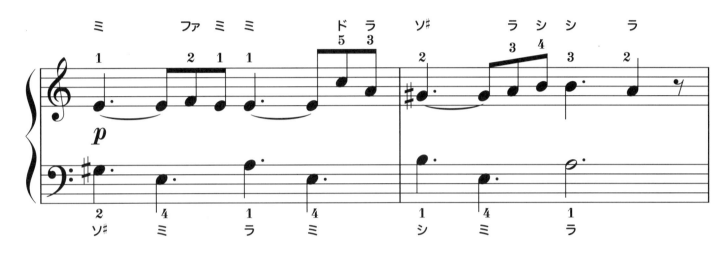
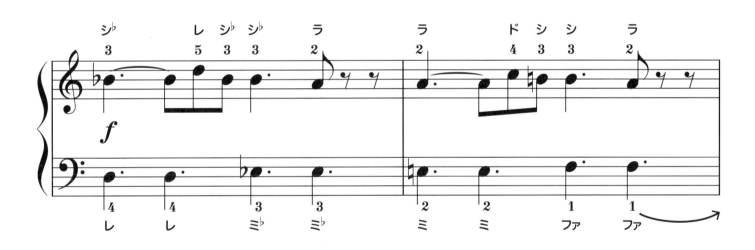
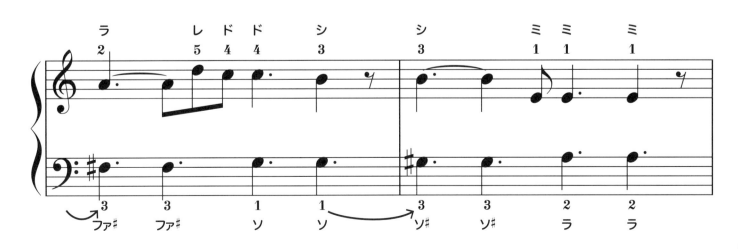

すみれ

作曲：モーツァルト

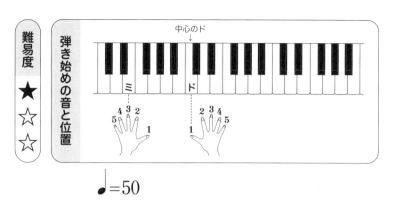

♩=50

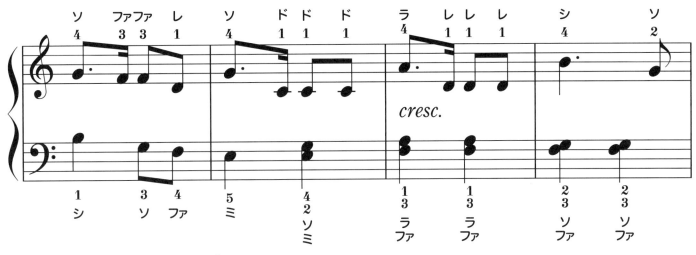

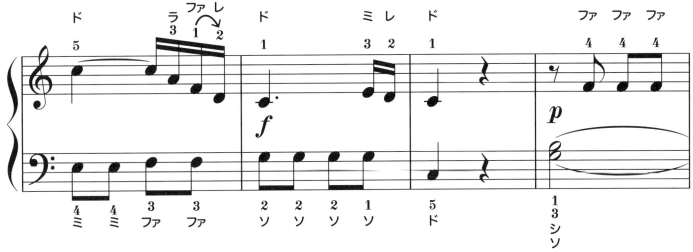

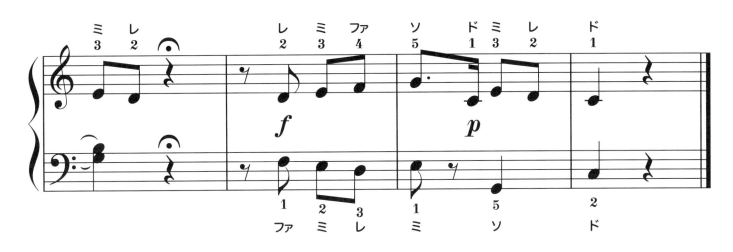

アヴェ・ヴェルム・コルプス

作曲：モーツァルト

甘い思い出
「無言歌集」より

作曲：メンデルスゾーン

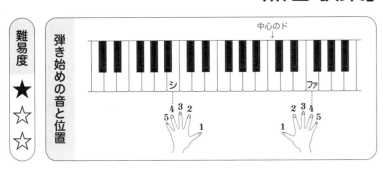

難易度 ★☆☆

弾き始めの音と位置

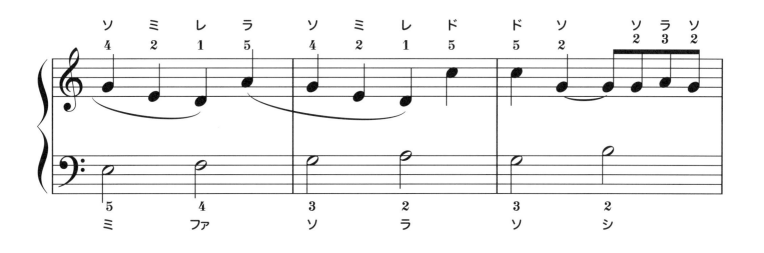

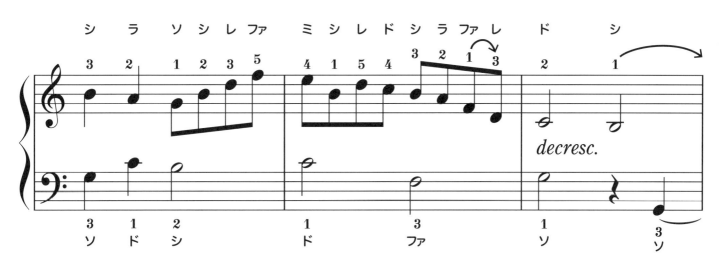
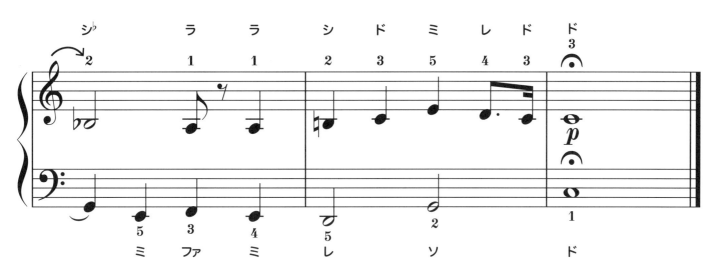

春の歌
「無言歌集」より

作曲：メンデルスゾーン

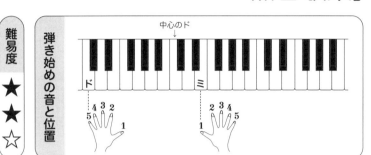

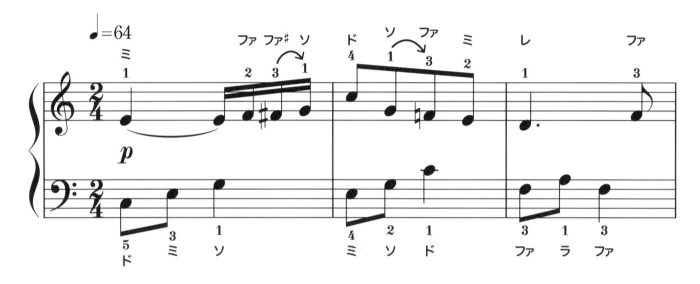

34

メヌエット ト長調

作曲：ベートーヴェン

ピアノ五重奏曲「ます」より 第4楽章

作曲：シューベルト

セレナーデ
歌曲集「白鳥の歌」より

作曲：シューベルト

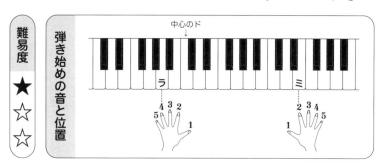

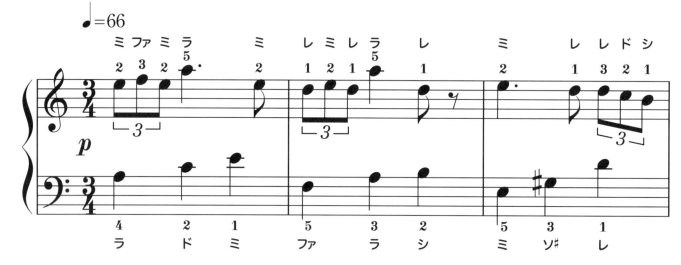

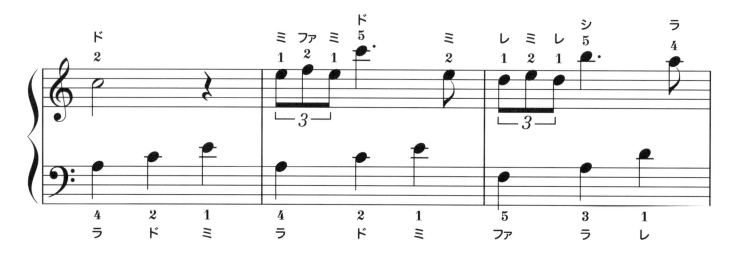

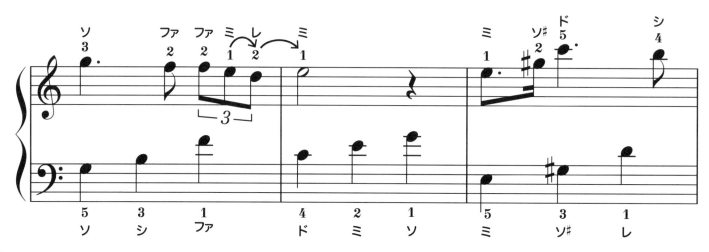

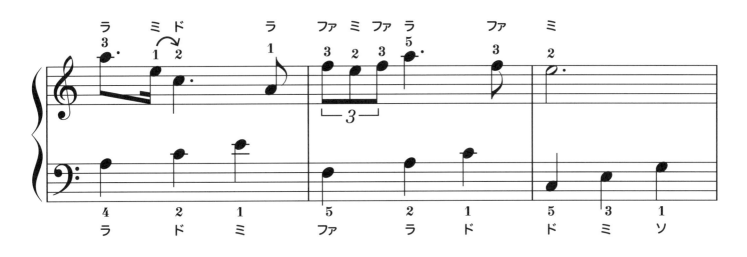

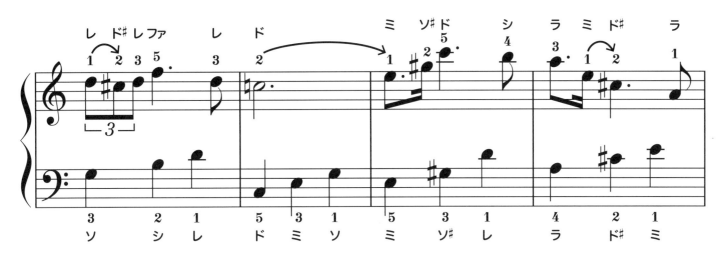

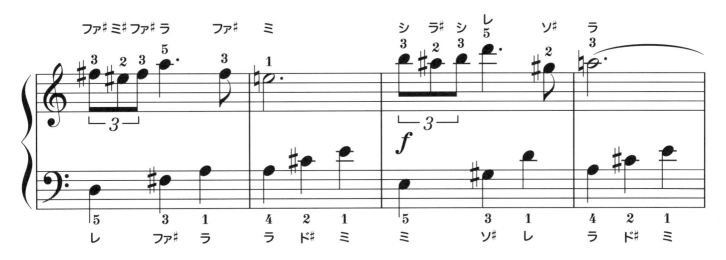

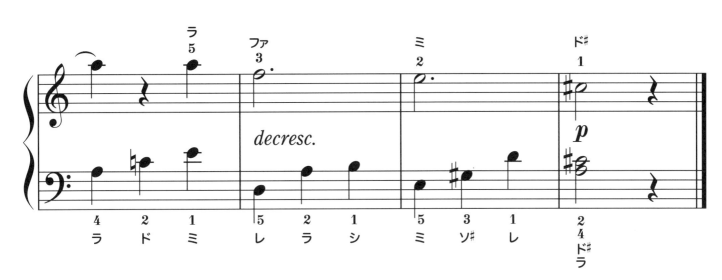

見知らぬ国
「子供の情景」より

作曲：シューマン

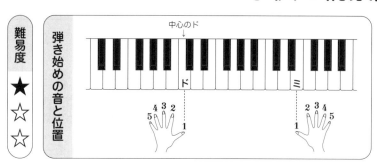

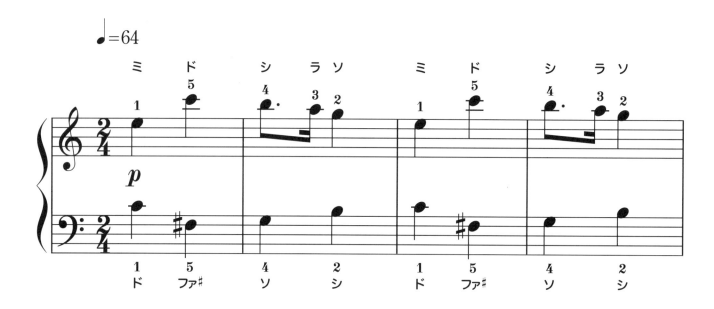

満足
「子供の情景」より

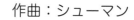
作曲：シューマン

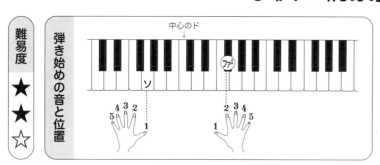

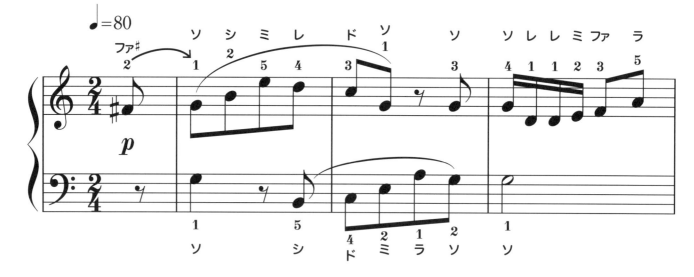

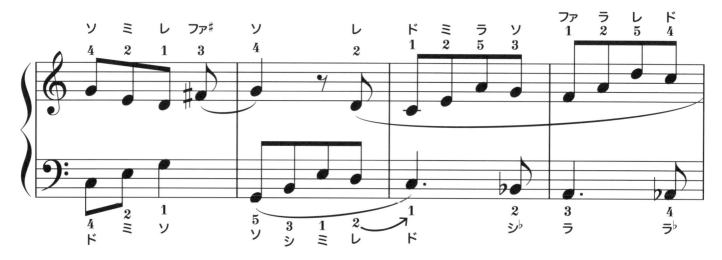

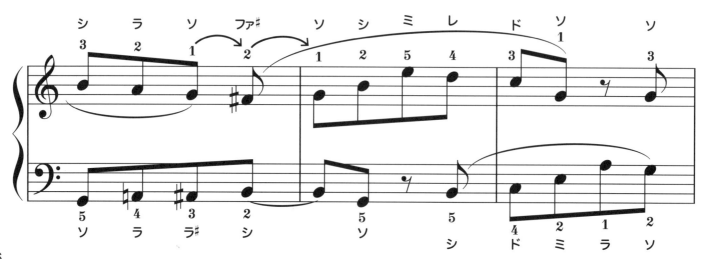

献呈
歌曲集「ミルテの花」より

作曲：シューマン

「コンソレーション(慰め)」より 第3番

作曲：リスト

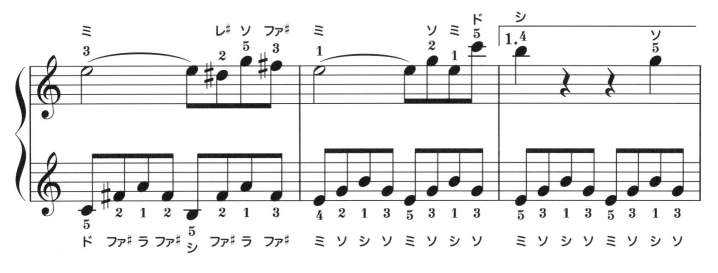

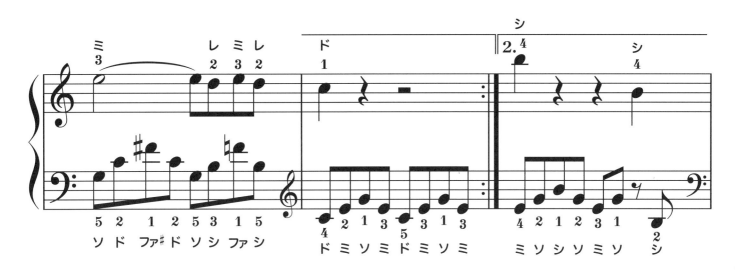

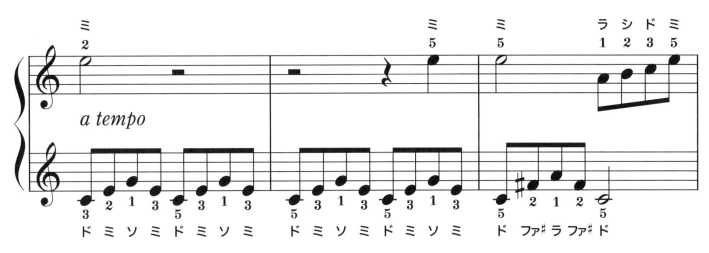

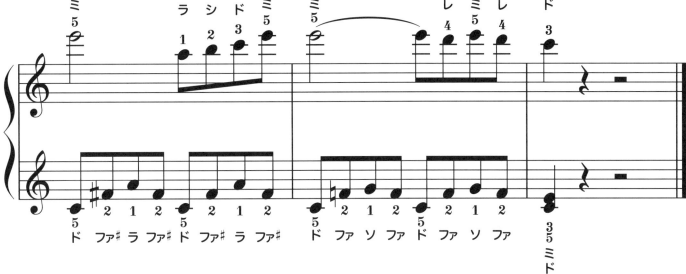

前奏曲第15番「雨だれ」

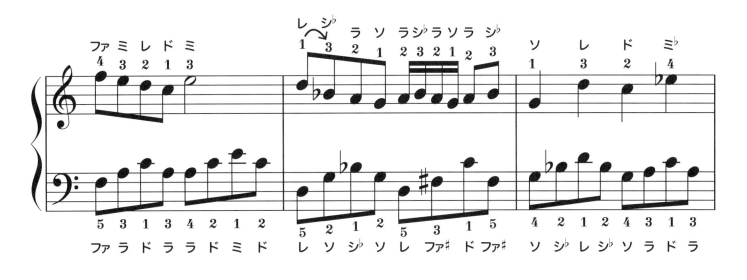
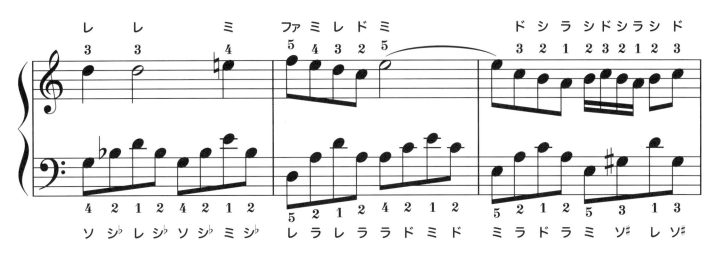
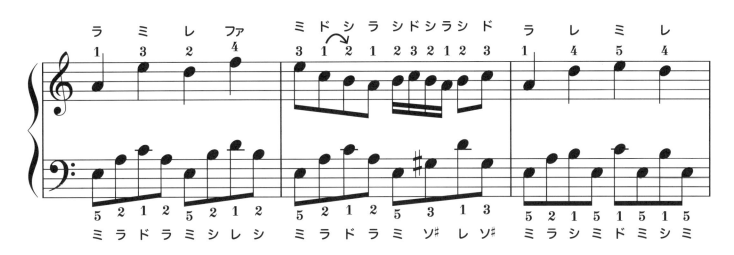
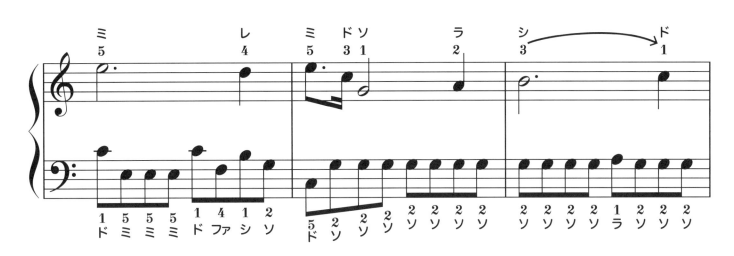

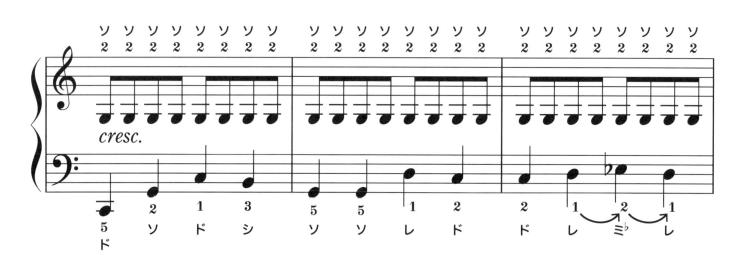

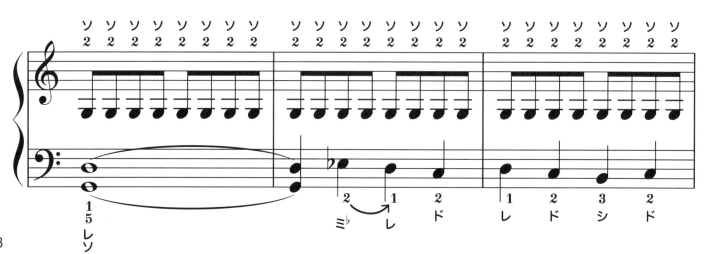

ワルツ第19番〈遺作〉

作曲：ショパン

子守歌

作曲：ショパン

ノクターン第20番〈遺作〉

作曲：ショパン

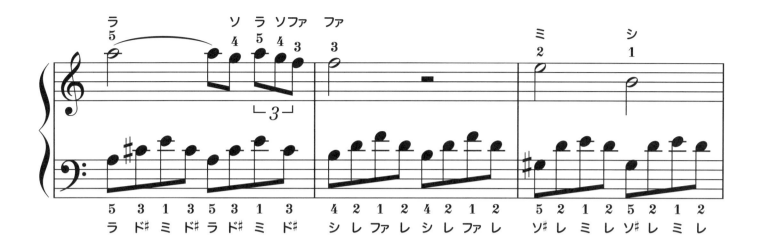

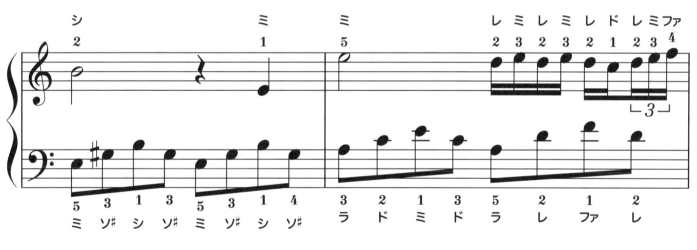
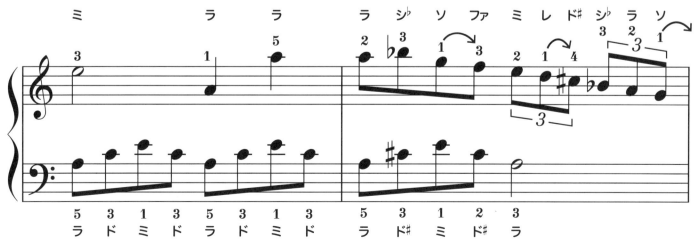

ピアノ協奏曲第1番より 第2楽章

作曲：ショパン

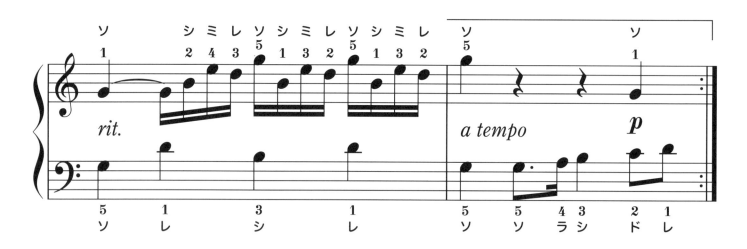

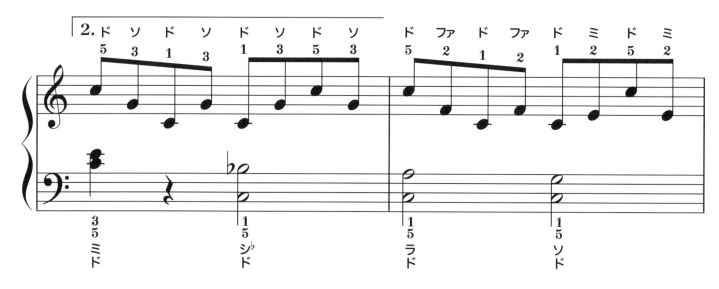

交響曲第3番より 第3楽章

作曲：ブラームス

ワルツ第15番

作曲：ブラームス

交響曲第1番より 第4楽章

作曲：ブラームス

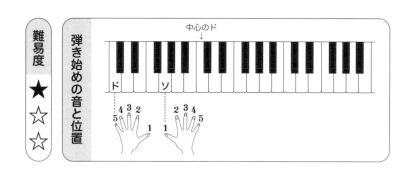

アヴェ・マリア

作曲：グノー

難易度
★
☆
☆

弾き始めの音と位置

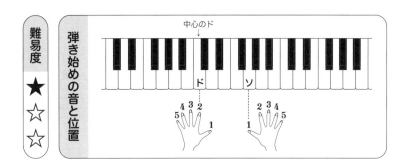

♩=60

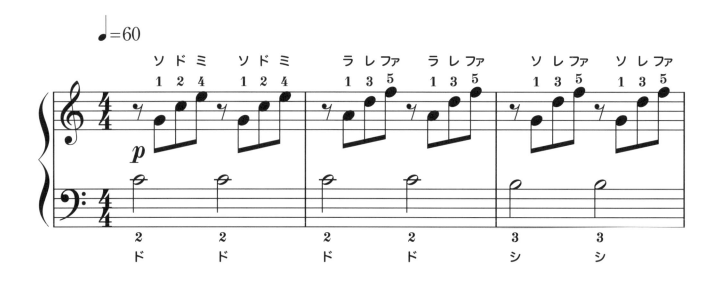

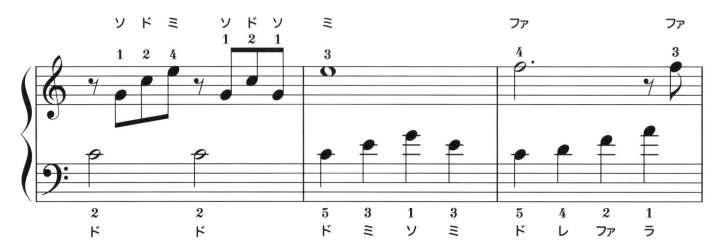

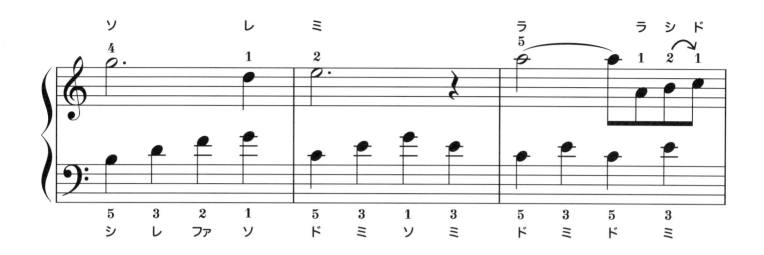

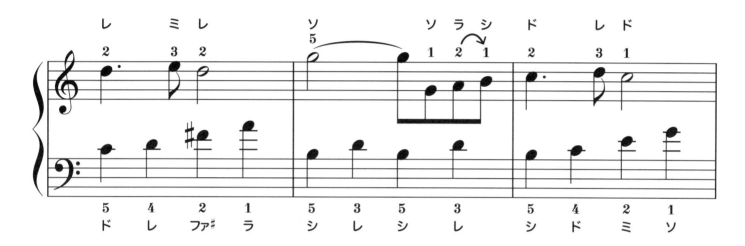

あなたの声に心は開く
歌劇「サムソンとデリラ」より

作曲：サン゠サーンス

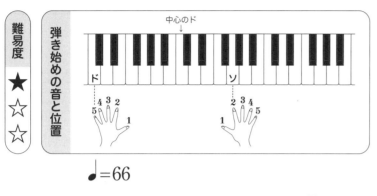

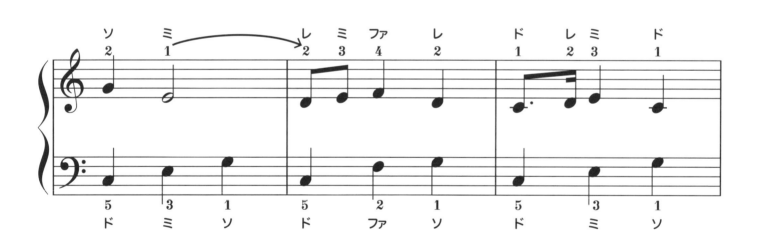

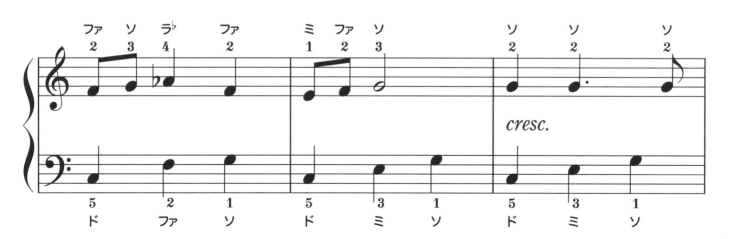

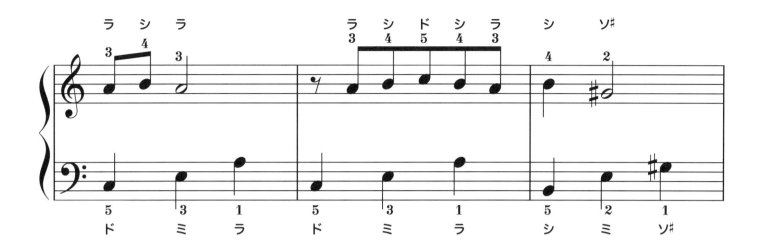

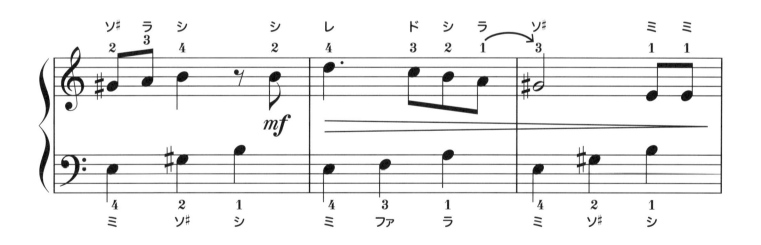

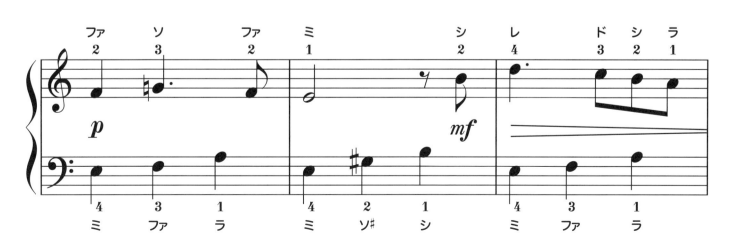

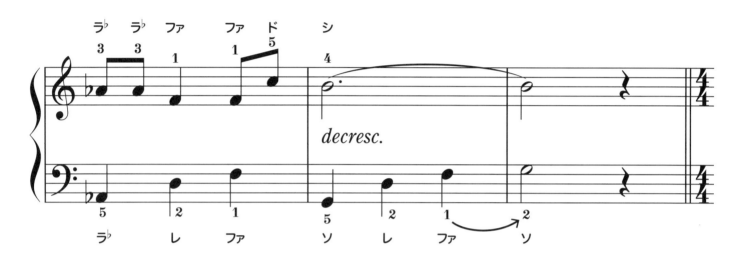

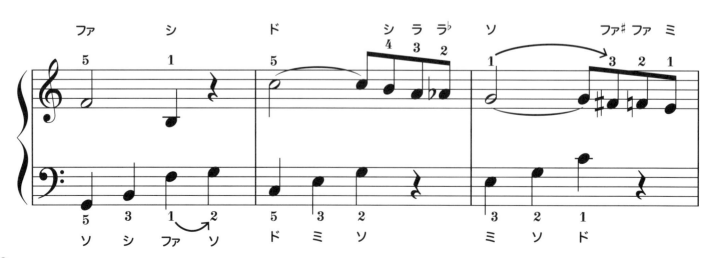

交響詩「死の舞踏」

作曲：サン゠サーンス

ハバネラ
歌劇「カルメン」より

作曲：ビゼー

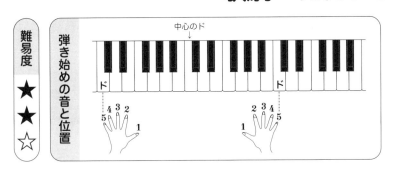

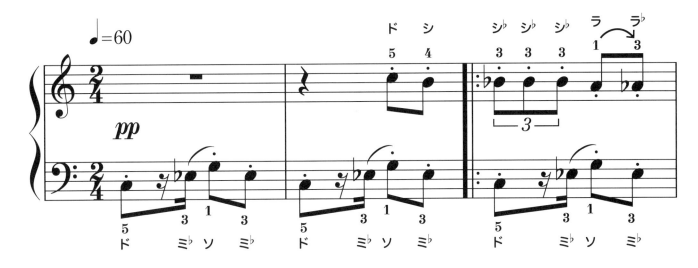

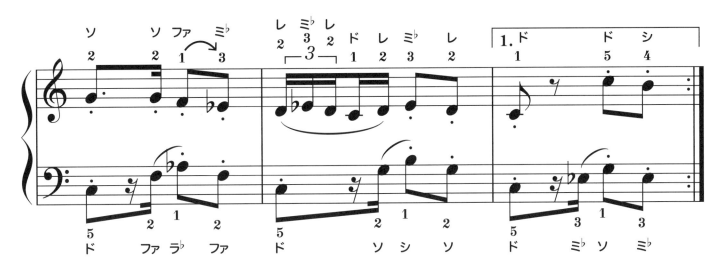

歌劇「カルメン」より 第3幕への間奏曲

作曲：ビゼー

難易度 ★★☆

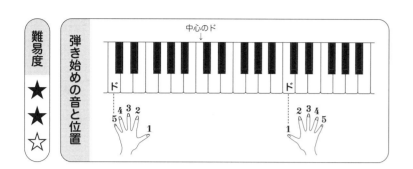

弾き始めの音と位置

花の歌

作曲：ランゲ

101

夢のあとに

作曲：フォーレ

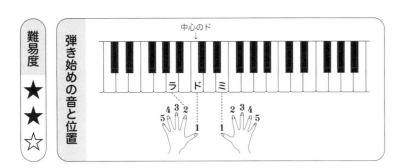

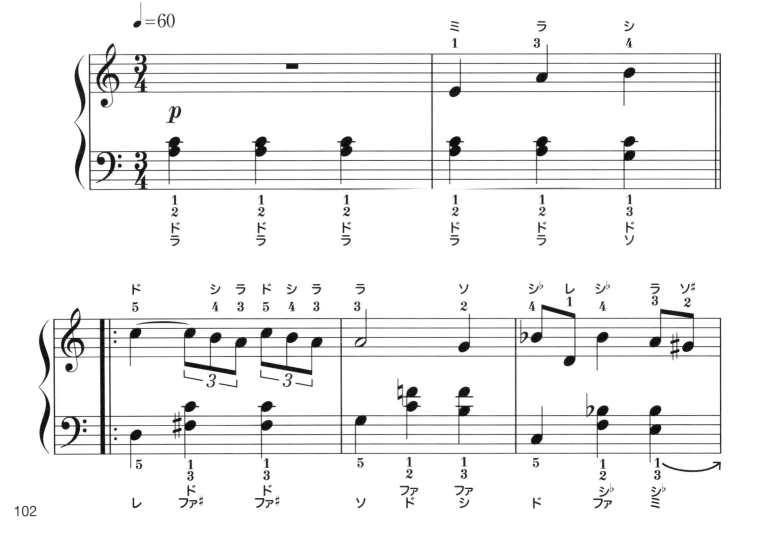

子守歌
組曲「ドリー」より

作曲：フォーレ

パヴァーヌ

作曲：フォーレ

パヴァーヌ

作曲：フォーレ

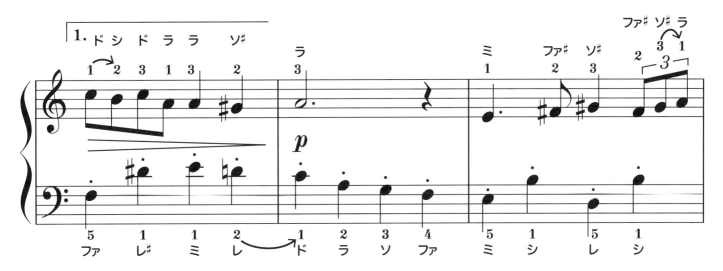

金婚式

作曲：マリ

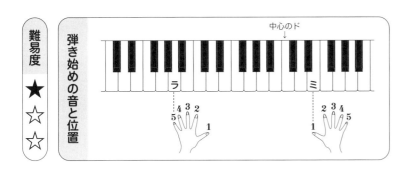

Coda

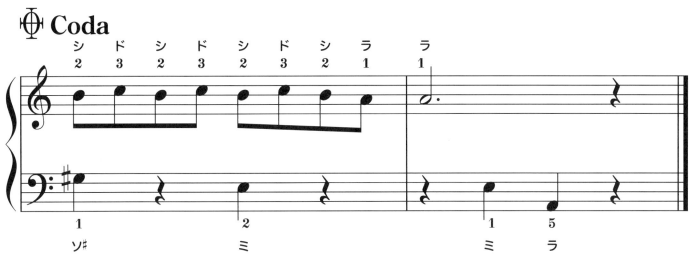

ホフマンの舟歌
歌劇「ホフマン物語」より

作曲：オッフェンバック

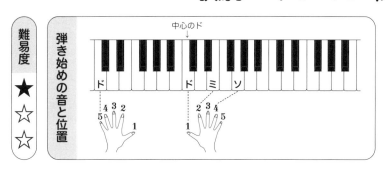

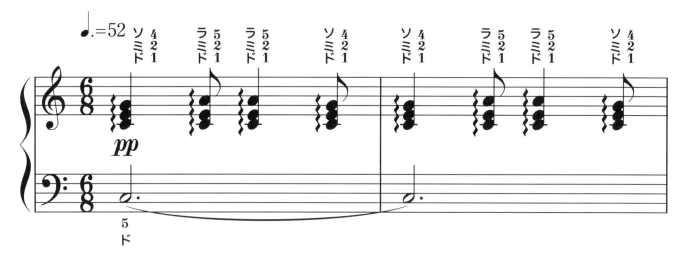

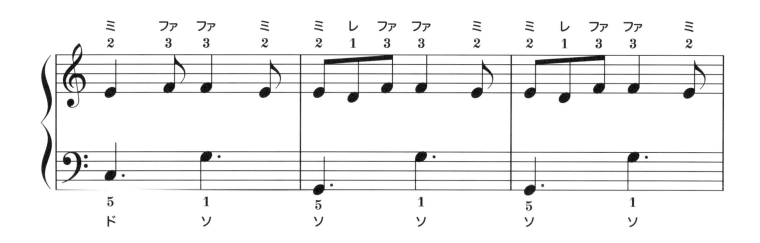

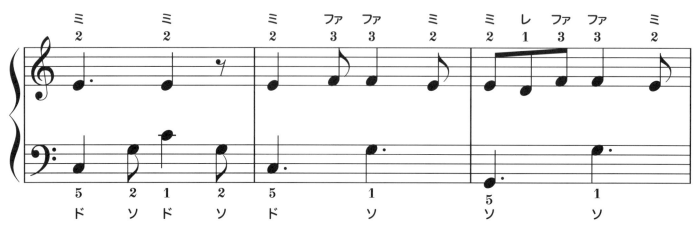

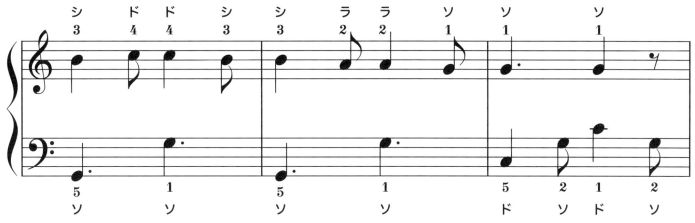

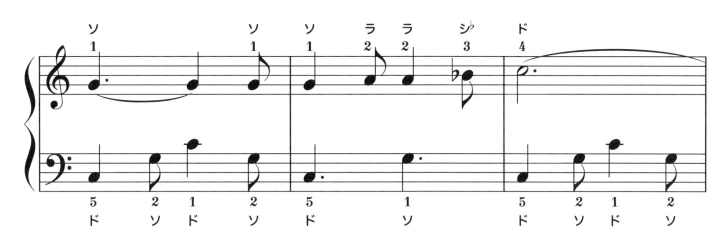

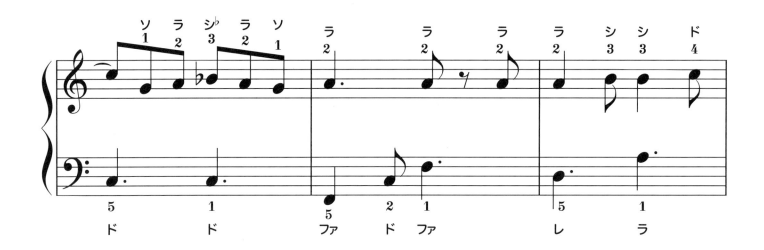

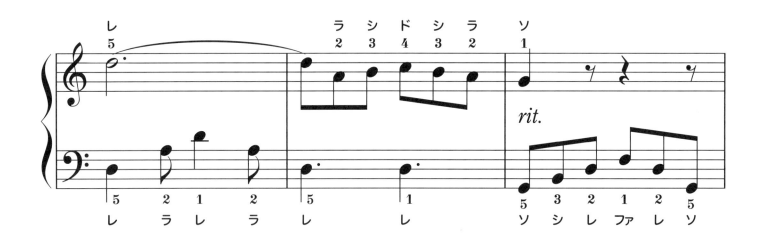

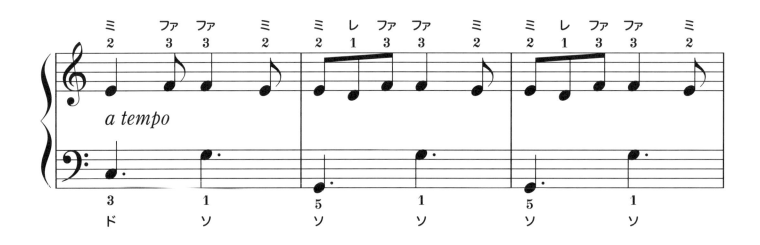

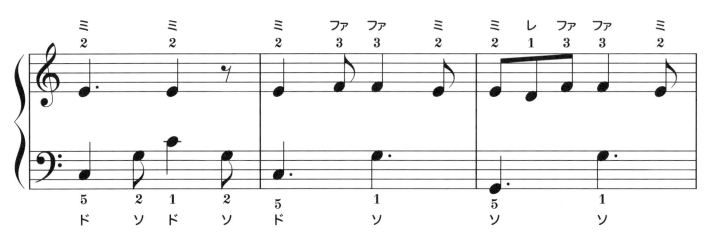

「弦楽セレナーデ」より 第1楽章

作曲：チャイコフスキー

こんぺい糖の精の踊り
バレエ組曲「くるみ割り人形」より

作曲：チャイコフスキー

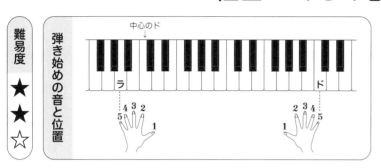

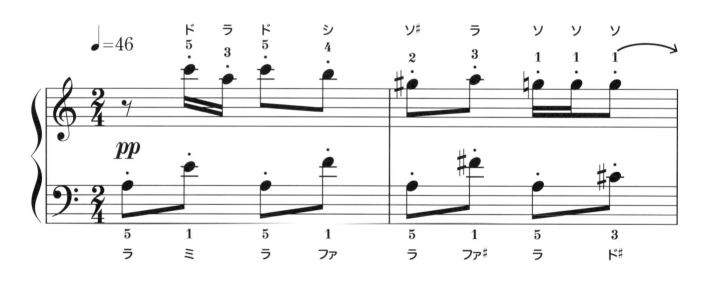

ジターンの情景と歌
「スペイン奇想曲」より

作曲：リムスキー = コルサコフ

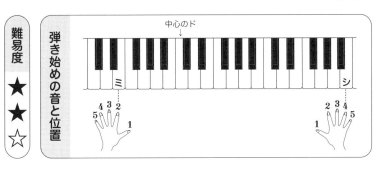

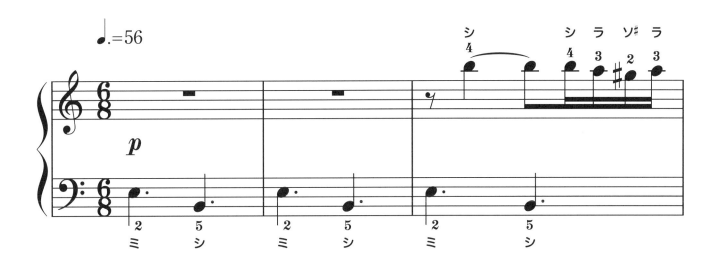

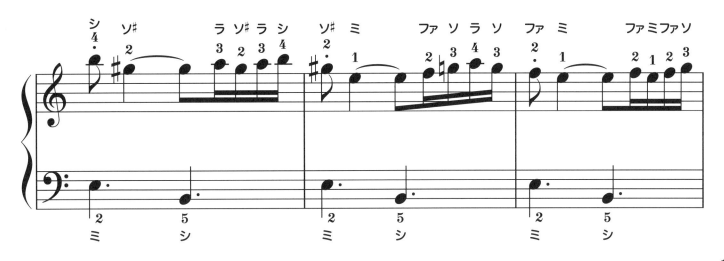

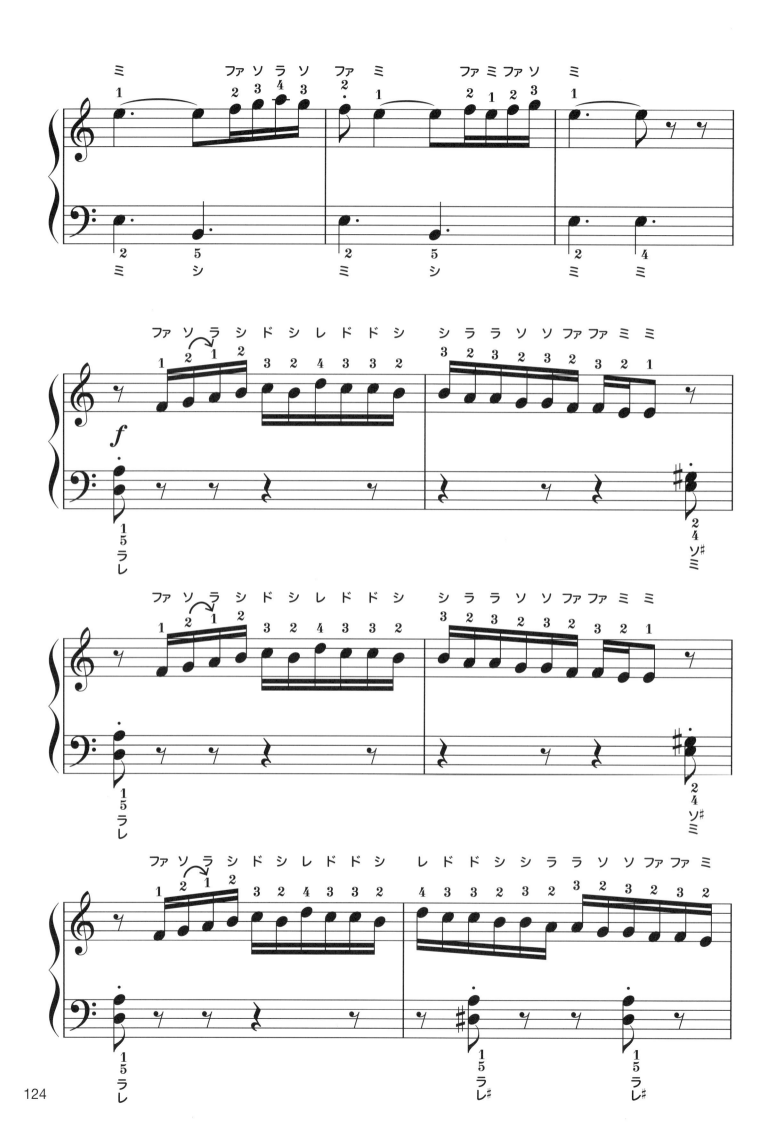

若い王子と王女
交響組曲「シェエラザード」より

作曲：リムスキー＝コルサコフ

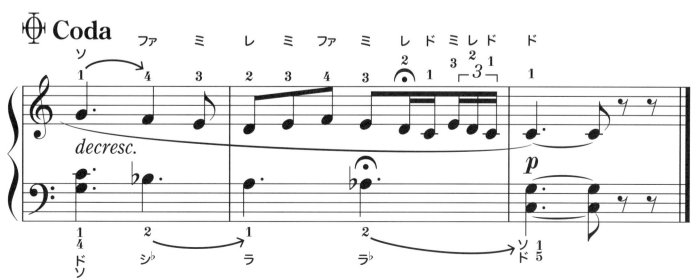

皇帝円舞曲

作曲：J. シュトラウス2世

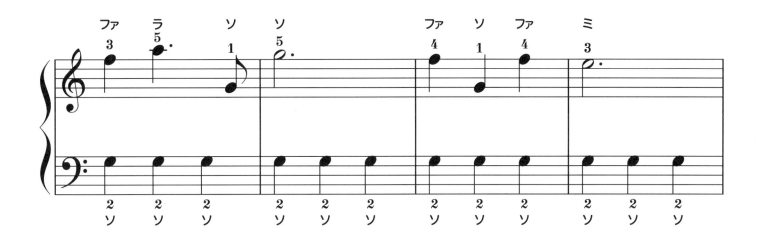

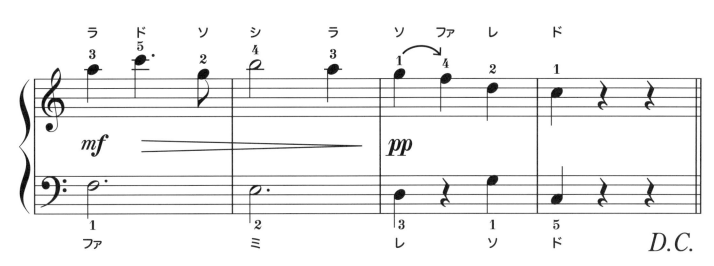

D.C.

フィンランディア

作曲：シベリウス

歌劇「カヴァレリア・ルスティカーナ」より 間奏曲

作曲：マスカーニ

タイスの瞑想曲

作曲：マスネ

ある晴れた日に
歌劇「蝶々夫人」より

作曲：プッチーニ

私のお父さん
歌劇「ジャンニ・スキッキ」より

作曲：プッチーニ

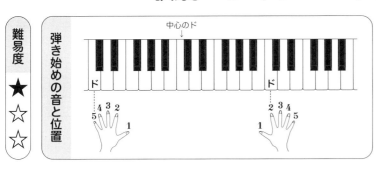

ピアノ協奏曲第2番より 第2楽章

作曲：ラフマニノフ

ヴォカリーズ
「14の歌曲集」より

作曲：ラフマニノフ

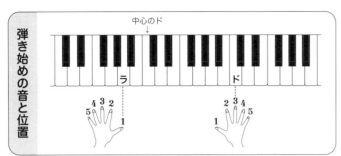

「パガニーニの主題による狂詩曲」より 第18変奏

作曲：ラフマニノフ

ジムノペディ第1番

作曲：サティ

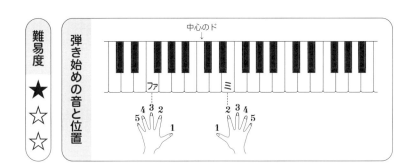

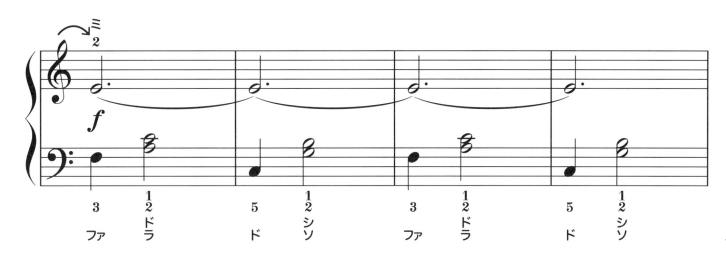

小舟にて
「小組曲」より

作曲：ドビュッシー

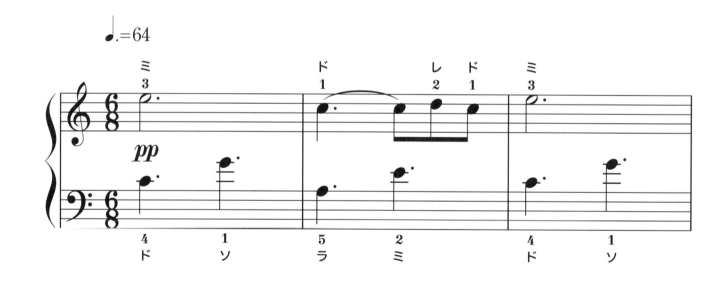

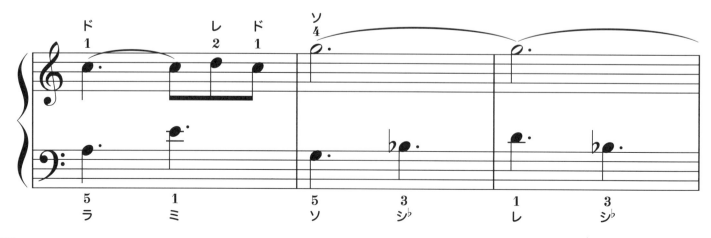

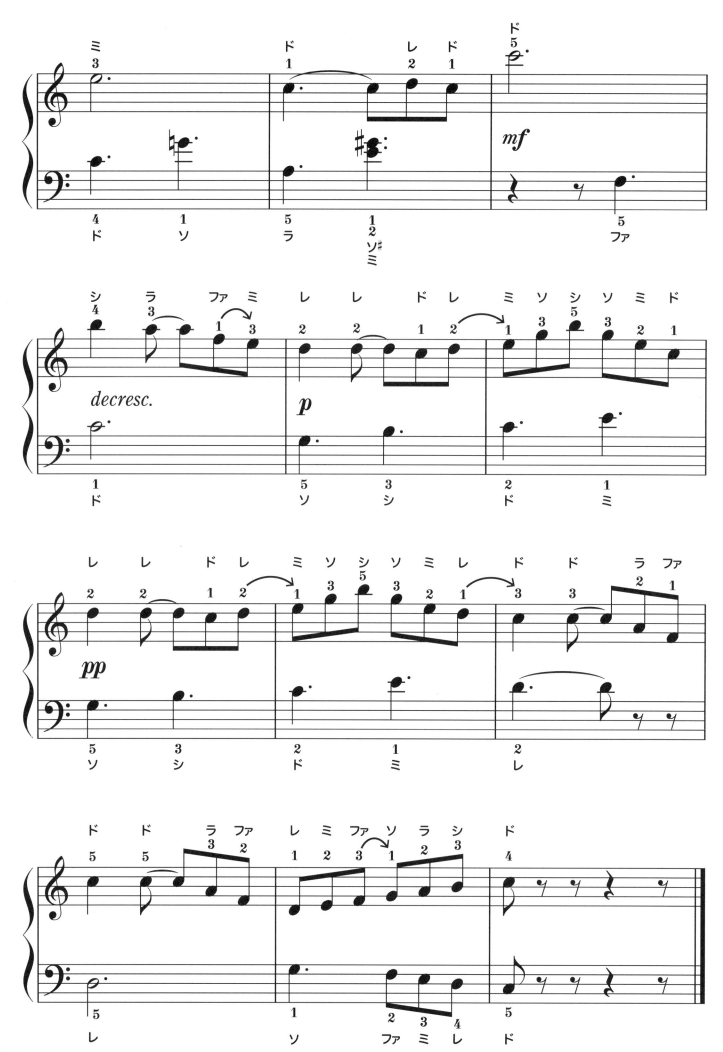

亜麻色の髪の乙女
「前奏曲集 第1巻」より

作曲：ドビュッシー

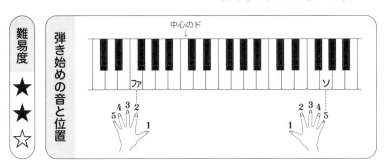

弾き始めの音と位置

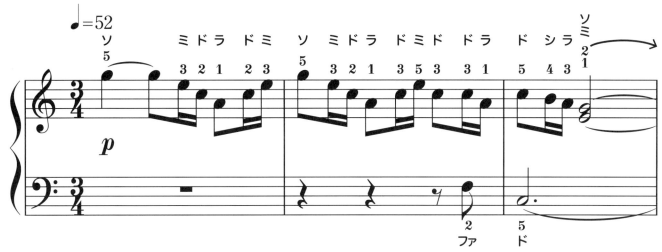

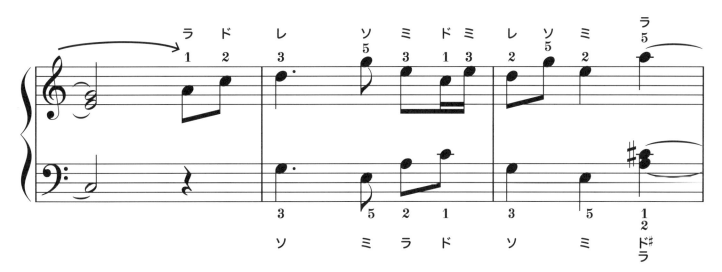

水の戯れ

作曲：ラヴェル

ピアノ協奏曲より 第2楽章

作曲：ラヴェル

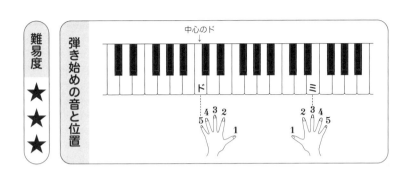

シチリアーナ
組曲「リュートのための古風な舞曲とアリア」より

作曲：レスピーギ

ラプソディ・イン・ブルー

174

175

著者略歴　**壺井一歩**（つぼい・いっぽ）

作曲家。東京音楽大学作曲専攻卒業。「星投げびと」で2003年度武満徹作曲賞第4位。同作品で第14回芥川作曲賞ノミネート。第1回日本ギター音楽作曲コンクール優秀賞。第2回大阪国際マンドリンコンクール作曲部門1位。第20回奏楽堂日本歌曲コンクール作曲部門1位。第2回「山響作曲賞21（山形交響楽団主催）」受賞。
オーケストラ、吹奏楽、室内楽、ピアノ、合唱、声楽作品をはじめ、邦楽器やマンドリン、舞台のための作品など活動は多岐にわたる。出版楽譜多数。著書に『心に響く「短調クラシック」入門』（廣済堂出版）がある。

装幀　　村田 隆（bluestone）
イラスト　かすみゆう
編集　　菅生早代（株式会社ひとま舎）
DTP　　上村茂生（株式会社ひとま舎）

一度は聞いたことのある名曲がスラスラ弾ける！
いちばんやさしい「大人のクラシックピアノ」

2022年11月11日　第1版第1刷発行

著　者　壺井一歩
発行者　村上雅基
発行所　株式会社PHP研究所
　　　　京都本部　〒601-8411　京都市南区西九条北ノ内町11
　　　　　　　　[内容のお問合せは]教育出版部 ☎075-681-8732
　　　　　　　　[購入のお問合せは]普及グループ ☎075-681-8818
印刷所　図書印刷株式会社